JÖRN
HELLER

Schluss für heute!

GEDICHTE NACH
FEIERABEND

Mit fünfundzwanzig
Illustrationen
vom Autor

JHV

Zweite Auflage 2015

Erste Auflage 2013

© Jörn Heller Verlag

Hundgasse 31, 57072 Siegen
Telefon: (02 71) 2 33 01 85

www.joernheller.com
joehel@gmx.de

Satz, Einbandgestaltung, Illustrationen: Jörn Heller
Druck: Vorländer GmbH & Co. KG, Siegen

ISBN 978-3-935555-04-3

JÖRN HELLER
SCHLUSS FÜR HEUTE!

Etwas Ordnung im Gewimmel,
etwas Gleichmaß im Getümmel,
Zuflucht, Trost und Seelenpflege,
um das Chaos ein Gehege,

unter all den öden Sachen
was zum Grübeln, was zum Lachen,
Hoffnungsschimmer, Kerzenlicht –
was auch immer: ein Gedicht.

INHALT

I. ERWACHSENES 9
II. KINDERKRAM 69

I. ERWACHSENES

Gesichtgedicht

Seht her, mir gehn die Locken aus,
ich krieg Geheimratsecken!
Ich muss mich nicht mehr wie bisher
bang hinterm Haar verstecken,

muss nicht so häufig zum Frisör,
brauch weniger Schampúh
und hab auch nach dem Duschen nicht
so oft den Abfluss zu!

Ich schaue offen in den Tag,
ich kühle mein Gehirn,
ich zeige wieder mehr Gesicht
und aller Welt die Stirn!

Nun ja

Nun ja, was soll man sagen? Man wird älter
und hat gelernt, wie dies und jenes geht.
Die Dinge lassen einen etwas kälter,
weil man sie ohnehin nicht recht versteht.

Man hat schon viel erlebt in seinem Leben,
und leicht macht einem keiner mehr was vor.
Die Dinge, wie sie sind, so sind sie eben.
Man nimmt sie hin und trägt sie mit Humor.

Man kennt sich etwas aus und wähnt sich weise,
man trotzt der Welt mit Lächeln und mit List
und wird am Ende doch ganz still und leise,
weil unterm Strich man auch nicht schlauer ist.

Zauberrest

Es war vor gar nicht allzu langer Zeit,
da waren meine Träume himmelblau,
so klar und frisch und leicht wie Morgentau,
voll Zauber wie ein Baum im Frühlingskleid.

Kein Hauch davon mehr heute weit und breit.
Der Rest vom Zauber ist jetzt bildschirmgrau
und geistert als Optiönchen fahl und flau
durch die vernetzte Datenewigkeit.

Ich seh ihn noch als müden schwachen
    Schimmer,
als völlig unbedeutendes Geflimmer
wie andre virtuelle Massenware,

wie einen Fehler im Betriebssystem,
den ich noch schnell vorm Schlafengehn
    bequem
mit einem Mauseklick herunterfahre.

Beziehungsnetz

Wir ziehen uns per E-Mail an
durch flüchtiges Geschreibe
und halten uns im Dauerchat
erfolgreich so vom Leibe.

Wir spielen mit der Tastatur,
mit *enter* und *escape*,
vergessen tippend unsre Zeit,
als wenn es sie nicht gäb.

Hinter dicken Bildschirmwänden
mauern wir uns ein,
rücken tastend Wort für Wort
uns ferner Stein für Stein.

Facebook

Nichts wird gefährlich,
alles bleibt fern,
bleibt in der Schwebe,
weit wie ein Stern.

Menschliche Nähe,
gut portioniert,
täglich geäußert
und nett formuliert.

Ehrlich gemeint
und doch nicht so ganz,
sicheres Leben
in schöner Distanz.

Tod im Internet

Plötzlich, still und unerwartet,
gänzlich unvorhersehbar,
starb vor Kurzem PC-Maier,
was doch abzusehen war.

Qualvoll musste er ertrinken
in dem Sumpf der Nichtigkeiten,
im Banalen tief versinken,
fern von allen Wichtigkeiten.

Einsam starb er an den Folgen
virtuellen Überflusses,
den Symptomen fortgeschrittnen
Zugangsdatenüberdrusses.

Passwortmüde und -entkräftet,
chatverstrahlt und mailverseucht
ist der Maier nun dem Leben
und dem Internet entfleucht.

Wo man seinen Tod bemerkte,
dort beklagte man ihn sehr,
zeigte doch der leere Bildschirm:
PC-Maier schreibt nicht mehr!

Letzter Wille

Ich möchte gerne Asche sein,
wenn ich mal nicht mehr bin.
Erspart die Kosten euch fürs Grab
und streut mich sonst wo hin!

Nicht deshalb, weil ich schrullig wär,
nicht darum, weil es Mode.
Ich war mein Leben lang zerstreut,
warum nicht auch im Tode?

Doch wenn ihr mich begraben wollt,
lasst Rasen auf mir sprießen!
Der Wind sorgt für die Blütenpracht,
der Himmel sorgt fürs Gießen.

Die Kühe kümmern sich ums Gras,
die Würmer sich um mich,
die Hasen um den Löwenzahn,
und düngen tue ich.

Hochzeitsgedicht

Bist *du* bei mir, so fürchte ich
nicht Dunkelheit noch Kälte,
nicht Hagel, Sturm und Gegenwind,
nicht Schimpfe und nicht Schelte.

Bist *du* bei mir, so wird es mir
in meinem Herzen warm.
Bist *du* bei mir, so bin ich reich
und nicht mal brotlos arm.

Bist *du* bei mir, so wirds in mir
geräumig, weit und groß.
All meine Treue schenk ich dir,
du wirst mich nicht mehr los.

Und ist auch auf der ganzen Welt
das meiste höchst vergänglich,
währt unsre Liebe ewiglich,
zumindest lebenslänglich.

Gottessuche

Wir haben Gott verloren,
verblichen ist sein Glanz,
abhanden kam er unbemerkt
in unserm Firlefanz.

Wir lebten unsre Träume
in unsrer kleinen Welt
und haben Gott wohl irgendwann
im Keller abgestellt.

Wir sollten ihn dort suchen,
aus seinem Verlies befrein!
Er muss in unserm Gerümpel
doch wiederzufinden sein!

Abendgebet

Ich lege diesen Tag zurück in deine Hände.
Vergib mir, Herr, ich hab nicht viel daraus gemacht!
Beschwerlich war der Weg und steinig das Gelände.
Ich hätte wohl gewollt, doch hab ich nichts vollbracht.

Ich lege diesen Tag zurück in deine Hände.
Herr, gib mir dafür bitte eine gute Nacht
und bring mein Heute so zu einem guten Ende,
bevor es morgen einen neuen Anfang macht!

Gebet des Müden

Ich möchte alle Türen hinter mir verrammeln,
mich unter tausend Decken metertief verkriechen,
kein Wort mehr reden, hauchen, flüstern oder
    stammeln
und nichts mehr sehen, hören, schmecken oder
    riechen!

Herr, lass mich wieder Lieder finden in den
    Dingen,
lass die verstummten Saiten in mir neu erklingen!
Ich möchte meine müden Flügel wieder schwingen
und mit dir mutig über meine Schatten springen!

Unterscheidungsgebet

Herr, gib mir die Gelassenheit,
zumindest dann und wann,
das hinzunehmen, was passiert
und ich nicht ändern kann!

Herr, gib mir die Entschlossenheit,
in allen andern Fällen
mich willig und mit ganzer Kraft
gegen den Wind zu stellen!

Herr, gib mir einen klaren Sinn,
damit ich recht erfasse,
was ich im Leben besser tu
und was ich lieber lasse!

Bittgebet

Herr, mir geht die Puste aus,
bitte gib mir deine,
schenk mir deine Gegenwart,
tritt damit in meine!

Gib mir einen festen Schritt,
komm an meine Seite,
geh für eine Weile mit,
führe mich ins Weite!

Keiner weiß so gut wie du,
was ich grad entbehre.
Sei so freundlich, sei mir gnädig,
fülle meine Leere!

Funkenflugbitte

Ich fühle mich wie kleingehackt,
wie ausgespuckt und plattgewalzt,
totalzerlegt und abgewrackt,
wie flachgepresst und quergefalzt,

wie kahlgerupft und weichgekocht,
wie ausgestreut und weggefegt,
wie eingestampft und durchgelocht,
wie ausrangiert und stillgelegt.

Herr, flicke mich, Herr, klebe mich,
Herr, schweiß mich neu zusammen,
Herr, lass durch deinen Funkenflug
mich wieder neu entflammen,

durch deine große Feuerkraft
mich wieder glühn und beben,
lass Feuer mich und Flamme sein
und lass mich wieder leben!

Seeluft

Mir ist, als könnt ich wieder atmen,
als ging ein Windstoß durch mein Wesen,
als würd der Himmel mich durchfluten
und etwas tief in mir genesen.

Mir ist, als könnt ich wieder fühlen,
ganz rein und klar und unverdorben,
als würde Wonne mich umspülen,
als sei mein altes Ich gestorben.

Mir ist, als wär ich angekommen,
als würde ich zur Mitte streben,
mir ist, als käme ich nach Hause
und in mir etwas neu zum Leben.

Die See

Immer gleich und immer anders,
ohne Herkunft, ohne Ziel,
liegt sie glänzend dir zu Füßen
mit verträumtem Wellenspiel,

legt sich schäumend vor dir nieder,
rollt den Teppich vor dir aus,
singt dir rauschend ihre Lieder
und empfängt dich mit Gebraus,

nimmt dein Tosen und dein Schwanken
schnaubend in ihr Wogen auf,
in ihr Wellenspiel dein Wanken,
deinen Lärm in ihr Geschnauf,

spült mit leichter Hand dein Zagen,
deine Schwere mit sich fort,
stellt sich seufzend deinen Fragen
und verliert dabei kein Wort,

zieht dich machtvoll und gewaltig
in ihr tiefes, weites Reich,
ewig eins und vielgestaltig,
immer anders, immer gleich.

Seht, wie die See

Seht, wie die See das Land bestürmt
mit beharrlicher Gewalt,
wie sie schneeweiß aufgetürmt
in den weichen Sand sich krallt,

wie sie schnaubt und wie sie schäumt,
trotzig, kühn und ungestüm,
wild bedrohlich aufgebäumt
wie ein sanftes Ungetüm!

Seht, mit welcher Leidenschaft,
zügellos und ungehemmt
sie sich mit geballter Kraft
gegen Widerstände stemmt,

wie sie mühelos und wendig
unaufhaltsam sich empört,
unverdrossen und beständig,
ungebremst und ungestört!

Am Meer

Du spürst, du bist,
und alles ist
ganz einfach, schön
und wahr.

Du schaust dich um
und ringsherum
ist alles hell
und klar.

Bist windumhüllt,
bist traumerfüllt,
bist Meer, bist Deich,
bist Herde,

bist arm und reich,
bist engelsgleich,
bist Himmel und
bist Erde.

Möwesein

Manchmal möcht man Möwe sein:
schamlos durch die Lüfte schrein,
über allen Dingen schweben
und ein bisschen stürmisch leben!

Distanziert und abgehoben
säh man alles an von oben,
machte sich am Himmel breit,
um bei der Gelegenheit

über dem, was auf der Welt
einem grade nicht gefällt,
statt sich drüber zu beschweren
im Vorbeiflug zu entleeren.

Manchmal möcht man Möwe sein,
denn dann würd man allgemein
weniger am Boden kleben
und vermehrt zur Sonne streben.

Kommt!

Kommt, lasst uns wieder lieben
und nicht schon wieder hassen,
kommt, lasst das Leben uns erneut
bei beiden Hörnern fassen!

Kommt, lasst uns nicht verkümmern,
kommt, lasst uns nicht verblöden,
kommt, lasst uns nicht zufrieden
in Behaglichkeit veröden!

Kommt, lasst uns wieder glühen,
kommt, lasst uns wieder lodern,
kommt, lasst uns nicht gewohnheitssatt
im Müßiggang vermodern!

Kommt, lasst uns wieder wachsen,
kommt, lasst uns wieder streben,
kommt, lasst uns wieder vorwärtsgehn,
kommt, lasst uns wieder leben!

Pilgerwanderung

Plötzlich kannst du aufrecht gehen,
plötzlich wieder klarer sehen.
Überall umgibt dich Licht,
wo du hinschaust, Land in Sicht.

Alles legt sich dir zu Füßen,
scheint dich freudig zu begrüßen.
Endlich kannst du wieder träumen
und vor Wonne überschäumen.

Federleicht und unbeschwert,
so, als seist du umgekehrt,
dringst du vor zu deiner Mitte,
lernst du neu mit jedem Schritte,

wie du sicher hier und jetzt
einen vor den andern setzt,
spürst du wieder, dass du lebst,
deinem Ziel entgegenstrebst.

Frühherbst

Es schläft der Wald im Morgenlicht,
ihm streicht der Wind durchs goldne Haar.
Er träumt mit leuchtendem Gesicht,
wie schön und reich der Sommer war,

der mit gedämpfter Farbenpracht
noch einmal durch den Nebel dringt
und dem ein Vogel sanft und sacht
das Lied bereits vom Abschied singt.

Herbstwanderung

Ich höre deine Stimme in der Stille,
ich höre deine Worte durch den Wind,
ich wandle ohne Weg und ohne Wille,
der wie die Zeit mir durch die Finger rinnt.

Ich folge wie verzaubert deinen Pfaden,
ich senke meinen Schritt in deine Spur,
ich sehe dich im bunten Herbstlaub baden,
dein Lächeln überstrahlend Feld und Flur.

Ich sehe dich als Fee durch Farne streifen,
hör *deinen* Flügelschlag im Vogelflug,
seh *dich* als Bogen durch die Wolken
    schweifen,
dich unterwegs zu mir im hohen
    Kranichzug.

Kranichzug

Die Kraniche ziehen!
Erkennt ihr sie wieder,
hört ihr von fern
ihre seltsamen Lieder?

Hört, wie sie rufen,
geheimnisvoll singen,
seht, wie sie nahen
mit mächtigen Schwingen,

über den Dingen
würdevoll schwebend,
unaufhaltsam
vorwärts strebend,

dem Ziel entgegen,
der offenen Weite,
der anderen Welt,
ihrer besseren Seite!

Die Kraniche ziehen!
Ich hielte gern Schritt,
und könnte ich fliegen,
so flöge ich mit!

Mohnklatsch

Im Weizenfeld ist Kaffeeklatsch,
Frau Mohn hat eingeladen.
Zum Kuchen gibt es Live-Musik
von singenden Zikaden.

Das ganze feine Unkraut ist
in voller Zahl erschienen,
mit jeder Menge Lästerstoff
und gut gelaunten Mienen.

Man diskutiert die Pflanzenwelt
voll süßer Hinterlist
und nimmt sich jeden Strohhalm vor,
der nicht erschienen ist.

Man freut sich an der Faltenpracht
der alt gewordnen Nelken,
ergötzt sich still und hinterrücks
am Faulen und am Welken

und ist sich darin einig, dass
die Seidenraupe spinnt
und außerhalb vom Weizenfeld
die Blümchen Gänse sind.

Suchsonett

Ich suche meine Zuflucht im Gedicht,
nach Versen, die mich schützen und bewachen,
nach Worten, die mein Haus mir überdachen,
wenn grau der Regen durch die Wolken bricht.

Im dichten Nebel suche ich nach Licht,
nach festem Grund im Seichten und im Flachen,
um mir aufs Leben einen Reim zu machen,
der deutlich durch das Weltgemurmel spricht.

Ich suche ein paar Brocken in der Suppe,
versuche, im Vergehen und Zerrinnen
ein Stückchen festen Boden zu gewinnen.

Am schwarzen Himmel such ich Stern und
   Schnuppe,
ich such nach hellen Stellen, die im Dunkeln
mir aus dem Irgendwo entgegenfunkeln.

Sternsonett

Ich denke gerne an die Zeit zurück,
als unsre Seelen ineinanderflossen,
wir täglich unser Wesen uns erschlossen,
uns dabei näherkamen Stück für Stück,

als gierig wir verschlangen Glück um Glück,
verschwenderisch in Worten uns ergossen,
die wie ein Sturzbach aus der Feder schossen,
noch immer denke ich daran zurück.

Vorbei die Zeit, das Damals ist verblichen,
die Träume sind der Wirklichkeit gewichen,
das Licht jedoch, das du in mir entfacht,

es gleicht noch immer einem stillen Stern,
der unauslöschlich manchmal aus der Fern
mir hell erleuchtet Dunkelheit und Nacht.

Träume sind doof

Erste Stroph:
Träume sind doof!
Fühlen sich so herrlich an,
weil man schön drin schwelgen kann,
was sich nicht lohnt.
Darum: Schieß sie zum Mond!

Zweite Stroph:
Träume sind doof!
Sind ein echter Hochgenuss,
weil man nichts verändern muss.
Alles bleibt, wie es ist.
Darum: Träume sind Mist!

Dritte Stroph:
Träume sind doof!
Wiegen dich in Sicherheit,
lassen deine Wirklichkeit
trostlos und öd.
Darum: Träume sind blöd!

Letzte Stroph:
Träume sind doof!
Sind so nutzlos wie ein Kropf,
bleiben sie in deinem Kopf.
Darum: Wirf sie hinaus
oder mach was daraus!

Konsequent

Kein Bock mehr auf lieb,
ab heute: barsch!
Kein Bock mehr auf soft,
ab heute: Arsch!

Gestern noch Weichei,
seit heute entschlossen!
Eben noch friedlich,
ab jetzt wird geschossen!

Gestern noch Träumer,
heute schon Täter!
Vielleicht auch erst morgen,
vielleicht etwas später...

Tu-*du*-Liste

Willst du was wissen, dann frag was,
soll man dich hören, dann sag was!

Bist du zu leise, dann schrei was,
bist du ein Niemand, dann sei was!

Traust du dich nichts, dann versuch was,
brauchst du mal Urlaub, dann buch was!

Fehlt dir das Kleingeld, dann leih was,
tut man dir Unrecht, verzeih was!

Bist du verzweifelt, dann mach was,
geht es daneben, dann lach was!

Kannst du nichts machen, dann träum was,
machst du zu viel, dann versäum was!

Bist du am Ende, beginn was,
kannst du nicht nähen, dann spinn was!

Kannst du nicht tanzen, dann mal was,
bist du ein Geizhals, bezahl was!

Hast du genug, dann verschenk was,
weißt du nicht weiter, dann denk was!

Stört dich dein Leben, dann tu was,
wart nicht auf Hilfe, tu *du* was!

Zögerst du gern, dann versprich was,
drücken dich Lasten, zerbrich was!

Hängst du am Gestern, vergiss was,
freu dich auf heute und iss was!

Dreierlei

I.

Leben zwei Leute:
Träumer und Täter,
dieser im Heute,
jener im Später.

II.

Zeitvergeudung
kennt tausend Arten.
Die zwei besten:
Hoffen und Warten.

III.

Womit man nie sein Ziel erreicht:
mit *möchte, würde* und *vielleicht.*
Womit man jede Hürde nimmt:
mit *will,* mit *werde* und *bestimmt.*

Zweierlei

I.

Ohne Verdruss:
tun, was man muss!
Stetig und still:
wolln, was man will!

II.

Weniger gestern,
weniger morgen,
weniger Wehmut,
weniger Sorgen!

Seltener bald,
seltener dort,
häufiger hier,
jetzt und sofort!

Glück

Nicht warten, bis die Schatten weichen,
der graue Nebel sich verzieht,
die dunklen Zeiten bald verstreichen
und irgendetwas neu geschieht!

Nicht regungslos am Boden kauern,
so schwer und träge wie ein Stein,
nicht stumm dem Licht entgegenlauern,
stattdessen: selber Sonne sein!

Dein!

Lass deine Schuhe *deine* sein
und nicht die eines andern,
um sicher und mit festem Schritt
auf *deinem* Weg zu wandern!

Die Strecke, die noch vor dir liegt,
marschierst du ganz allein.
Worin du gehst, wohin du gehst,
sei deshalb *dein*, sei *dein!*

Hohe Kunst

Hohe Kunst: fröhlich sein,
auch wenn nichts mehr stimmt
und der ganze Alltagskram
alle Kraft dir nimmt.

Streng genommen ist ja doch
ohne das Gestöhn
unser Leben, das wir leben,
eigentlich ganz schön.

Lebenskunst

Der zu bleiben, der man ist,
zumindest ungefähr,
um ein bisschen das zu werden,
was man gerne wär.

Zukunftshungrig vorwärtsblicken,
Altes überwinden,
sich mit seinen kleinen Träumen
immer neu erfinden.

Lebensregeln für Verlierer

Nicht träumen und nicht spinnen,
nie etwas neu beginnen.

Aufs Kleine sich beschränken
und niemals größer denken.

Nichts greifen und nichts fassen,
die Dinge laufen lassen.

Sich niemals etwas trauen
und stets auf andre bauen.

Nicht planen und nicht streben,
ins Schicksal sich ergeben.

Nichts wollen und nichts wagen,
Entscheidungen vertagen.

Sich ans Gewohnte klammern
und sich darin bejammern.

Im Elend sich bedauern,
sich vor der Welt vermauern.

Bei Fragen niemand fragen,
was wichtig ist, nicht sagen.

Sich immer duldsam zeigen
und, wenn es weh tut, schweigen.

Bei Schwierigkeiten kneifen,
im Ernstfall sich verpfeifen.

Sich in sich selbst verkriechen,
im Internet versiechen.

Im Nichtstun sich verlieren,
vorm Bildschirm vegetieren,

um friedlich zu verenden,
umgeben von vier Wänden.

Helmschutz

Launige Verkehrsbeamte
haben neulich angeraten,
dass man einen Sturzhelm trage
auch bei kurzen Tretbootfahrten.

Gehe doch zu Volkes Schutze
keine Maßnahme zu weit,
stehe doch an erster Stelle
immer noch die Sicherheit.

Hofft, Beamte, nicht zu innig,
dass ein bunter Helm uns schütze,
denn der Tod, da seid euch sicher,
kriegt uns mit und ohne Mütze!

Parfum-Werbung

Tiefe Stimme, englischhauchig,
Halbnacktfräulein weht durchs Bild.
Muskelmännchen, sixpackbauchig,
folgt ihr unrasiert und wild.

Modelmenschen, paarungswillig,
zeitgelupt und liebestoll.
Unscheinbar, doch nicht ganz billig:
Düftchen, das ich kaufen soll.

Pixeltherapie

Endlich kann man wieder lachen,
sind wir jung und schön wie nie,
seit wir schonend uns behandeln
mit der Pixeltherapie.

Welke Fratzen und Visagen,
alle haben straffe Lider,
die verknittertsten Gestalten,
man erkennt sie nicht mehr wieder.

Fräulein Petra wirkt auf Bildern
jetzt wie kurz vorm Abitur,
und von ihren Krähenfüßen
sieht man nicht die kleinste Spur.

Beinah wirkt sie wie ein Model
und das Model wie gemalt,
dabei hat doch ihr Verlobter
nur den Photoshop bezahlt.

Endlich kann sie wieder strahlen,
macht ihr Anblick wieder Spaß,
und vermutlich beißt sie später
mal als Teenager ins Gras.

All you can eat

Und wir aßen um die Wette,
und wir stopften unsern Bauch
und bestellten dreimal Ente,
ein paar Frühlingsrollen auch.

Und dann fraßen wir zum Nachtisch
noch Banane in Gelee,
und uns tat noch vor dem Rülpsen
schon beim Atmen alles weh.

Nein, was haben wir gevöllert,
mit Gefräßigkeit geprotzt,
nein, was haben wir gespachtelt,
nein, was haben wir gekotzt!

Und die putzige Chinesin
sah sich lächelnd alles an,
schleppte freundlich und geduldig
was wir orderten heran.

Sie verneigte sich ergeben,
sah im Geiste auf die Uhr,
dachte seufzend an die Heimat
und an Chinas Hochkultur.

Muckdäuser

Ärger raus, Lächeln rein,
immer lieb und nett.
Ecken weg, Kanten weg,
bürgerlich adrett.

Immer still und unauffällig,
demutsvoll gebückt,
niemals frech und widerspenstig,
kauzig und verrückt.

Niemals grob, niemals laut,
niemals ordinär,
niemals frech und unanständig,
niemals singulär.

Niemals roh und leidenschaftlich,
ungestüm und wild,
immer maßvoll und gesittet,
harmlos, sanft und mild.

Immer freundlich, immer friedlich,
immer schön versöhnlich,
immer brav und angepasst,
bieder und gewöhnlich.

Schwierige Menschen

Schwierige Menschen kann man nicht packen,
schwierige Menschen sind unangenehm.
Schwierige Menschen kann man nicht knacken,
sie sind und sie bleiben ein Dauerproblem.

Schwierige Menschen lassen sich treiben,
schwierige Menschen lassen sich gehn.
Schwierige Menschen wollen so bleiben,
ohne sich selber so recht zu verstehn.

Schwierige Menschen muss man nicht hassen,
schwierige Menschen, die lässt man in Ruh.
Du kannst sie nicht ändern, du musst sie so lassen,
denn was du auch anstellst, der Doofe bist du!

Kleinschwatz-Appell

Lass uns plaudern, lass uns quatschen,
lass uns lustig lärmen
und am Platitüdenfeuer
fröhlich uns erwärmen!

Lass uns aus dem Phrasenfundus
ein paar Sätze zücken
und, was wir zu sagen hätten,
wortreich überbrücken!

Lass uns ein paar Sprüche klopfen
und darüber lachen,
lass uns ein paar Witze reißen
und auf heiter machen!

Lass uns nicht zu ernsthaft werden
und nicht zu vertraulich,
lass uns tun, als sei das Leben
harmlos und beschaulich!

Lass uns nicht groß tiefer schürfen,
lass uns nicht laut denken,
sondern uns auf Nettigkeiten
kurzerhand beschränken!

Lass uns das, was wichtig wäre,
sparsam portionieren,
und den Brei, um den wir reden,
heißkalt ignorieren!

Lass uns nicht zu viel verlangen,
nicht zu viel bezwecken,
sondern möglichst unverbindlich
launig uns begecken!

Lass uns plaudern, lass uns quatschen,
heiter und vergnüglich,
lass uns chatten, lass uns talken,
doch so small wie möglich!

Unerhörte Wünsche

Lauter singen,
freier schwingen,
spring in meine Ohren!
Nicht mehr schweigen,
Farbe zeigen,
dring durch deine Poren!

Mauern sprengen,
vorwärts drängen,
zeig mir das, was ist!
Seele wagen,
Zartes sagen,
sag mir, wer du bist!

Klarer sprechen,
Stein durchbrechen,
was dich treibt, benennen!
Deine Fragen
zu mir tragen,
möchte dich erkennen!

Halbschattengewächse

Sind nicht gern im Dunkeln,
traun sich nicht ans Licht,
bleiben auf der Mitte,
weiter gehn sie nicht.

Wollen nicht verbrennen,
fürchten jede Glut,
verweilen still im Schattenreich
mit abgekühltem Blut,

träumen fern der Sonne
gemütlich ihren Traum,
behütet und gefahrlos
im grauen Zwischenraum.

Seifenfräulein

Kann dich nicht fassen,
kann dich nicht greifen,
kaum dich berühren,
nicht einmal streifen.

Komm ich dir näher,
rückst du mir ferne.
Erst aus dem Abstand
hast du mich gerne.

Lass ich dich fallen,
tut es dir leid,
lass ich dich laufen,
läufst du nicht weit,

damit deine Wege
ich wieder mal säume
und nach der Begegnung
erneut von dir träume.

Noch immer

Dein Wesen hat sich in mir eingebrannt,
in jeder Faser spür ich noch die Glut,
noch immer steckt dein Name mir im Blut,
geträumt, gedacht und tausendfach genannt.

Noch immer hast du mich in deiner Hand,
bestürmt mich wild die alte Bilderflut.
Noch immer wühlst du auf, was in mir ruht,
bist nah und fern, mir fremd und doch
 verwandt.

Ich würde, wenn ich könnte, mich beeilen,
die mir von dir ins Herz geschriebnen Zeilen
mit einem neuen Text zu überschreiben,

und jenen Engel, der mich sanft umfliegt,
der wie ein Stein mir auf der Seele liegt,
mit einem milden Lächeln bald vertreiben.

Metamorphose

Alte Zöpfe muss man schneiden,
alte Hüte von sich streifen,
neue Wünsche muss man kleiden,
alte lässt man lieber schleifen.

Neue Träume muss man fassen,
alte lässt man lieber weichen.
Neue Bilder lässt man streichen,
alte lieber still verblassen.

Schwindet, wenn auch unter Qualen,
was zu schwach ist und gering,
zeigt sich unter all den Schalen
bald vielleicht ein Schmetterling.

Abschied

Abschied muss sitzen:
Träne muss fließen,
Kummer muss schwitzen,
Schmerz sich ergießen,

Herz muss bedauern,
Seele muss schreien,
alles muss trauern,
sich zu befreien!

Weihnachts-Ach

Ach, könnte ich zur Weihnachtszeit
das Leben neu begreifen
und fern von allem Erdenleid
den Saum des Himmels streifen!

Ach, könnte sich die andre Welt
im Kind mir offenbaren
und durch das Licht am Himmelszelt
mir Freude widerfahren!

Ach, dränge durch den Engelsklang
ein wenig stilles Glück,
durch Hirtenlieder und Gesang
vom Paradies ein Stück!

Ach, könnte ich im Stall so recht
das Wunderbare spüren,
ach, könnte dort mich tief und echt
das Göttliche berühren!

Ach, könnt ich wieder aufwärts schaun
und loben deinen Namen
und kindlich beten und vertraun
und fröhlich schließen: Amen!

Weihnachten!

Weihnachten damals:
wie wir tobten und lachten
und vorfreudenselig
die Tage verbrachten,

wie wir Kerzen entzündeten,
Träume entfachten
und voller Erwartung
die Nächte durchwachten!

Weihnachten heute:
wie wir still danach trachten,
es ähnlich zu tun,
wie wir damals es machten!

Beständige Sehnsucht,
ewiges Schmachten
nach dem Kindlichen, Göttlichen,
Sanften und Sachten,

einem bleibenden Lichtstrahl
vergangener Prachten!
Weihnachten!

Winterweiß

Wenn ringsherum die ganze Welt
von Schnee bedeckt ist und erhellt,
das Weiß sich ausgebreitet hat,
so wie ein unbeschriebnes Blatt,

und wenn es plötzlich stiller wird,
der Schatten sich im Licht verliert,
wenn Lärm und Finsternis verwehn,
im Schneegestöber untergehn,

dann mag so mancher davon träumen,
gleich all den müden, kahlen Bäumen
das Leben blütenhell von innen
schon bald von Neuem zu beginnen.

Perspektivenwechsel

Ich will nicht mehr nach hinten sehn,
ich schau nicht mehr zurück!
Ich kriege einen steifen Hals
und Schwielen im Genick!

Was juckt mich die Vergangenheit,
was kratzt mich das, was war?
Ich freu mich auf die Gegenwart
und find sie wunderbar!

Ich blase keine Trübsal mehr
durchs dunkle Nebelhorn!
Ich fang nicht mehr von hinten an,
ich fange an von vorn!

Neujahrsgebet

Herr, bring das Alte hinter mich
und wende meinen Sinn!
Herr, lenke meinen kleinen Kahn
zu neuen Ufern hin!

Bewahre mich in diesem Jahr
vor ausgetretnen Pfaden,
vorm Stillestehn, vorm Kreisedrehn,
vor Rückwärts-Eskapaden!

Herr, lass mich, was vergangen ist,
nicht allzu sehr beklagen
und alles, was noch vor mir liegt,
ab heute mutig wagen!

II. KINDERKRAM

Venusfliegenfalle

Unsre Venus isst so gerne Frikadellen,
doch Gemüsebällchen mochte sie noch nie.
Auch Nudeln darf man für sie nicht bestellen,
denn die Venus hat Spaghetti-Allergie.

Unsre Venus isst so gerne Frikadellen,
Vitamine, die vertrug sie nie.
Das ist auch der Grund, warum sie Würstchen
   frisst
und nur selten vegetarisch isst.

Unsre Venus isst so gerne Brot mit Schinken,
manchmal frisst sie davon sieben oder acht.
Beginnt sie danach, aus dem Hals zu stinken,
ja, dann hat sie grad ihr Bäuerchen gemacht.

Unsre Venus isst so gerne Brot mit Schinken,
Vitamine, die vertrug sie nie.
Das ist auch der Grund, warum sie Würstchen
   frisst
und nur selten vegetarisch isst.

Fritz das Pferd

In der Nordsee, ganz possierlich,
wohnt ein Pferd mit Namen Fritz.
Dieses Pferd ist klein und zierlich,
oben breit und unten spitz.

Fritz, das Pferd, hat keine Hufe,
keinen Arm und auch kein Bein.
Wenn ich Fritz beim Namen rufe,
kommt er oder lässt es sein.

Fritz, der hat ein Ringelschwänzchen,
das sich prima kringeln lässt.
Lustig sieht es aus beim Tänzchen,
witzig auch beim Schützenfest.

Fritz liegt gern im tiefen Sande,
weil er so gern Krebse frisst.
Selten sieht man ihn zu Lande,
weil der Fritz ein Seepferd ist.

Lied für Amelie

Achenbach im Siegerlande,
grünes Dorf am Waldesrande,
ist im ganzen Bundesland
kaum als kinderreich bekannt.

Und so dachte sich ein Pärchen,
das zusammen seit zwei Jährchen:
‹Lass uns keine Zeit verliern
und schnell Nachwuchs produziern!›

Möchte man den Kindersegen
möglichst konsequent anregen,
sollte frau sich schnell verpflichten,
auf die Pille zu verzichten.

So geschahs in Achenbache,
war ja keine große Sache.
Pillenlos und froh wie nie
machte man die Amelie.

Endlich war die Mutter trächtig,
wölbte sich ihr Busen prächtig,
wuchs ihr schöner runder Bauch,
Amelie natürlich auch.

Groß und größer wurd die Kleine,
kriegte Arme, kriegte Beine,
eins jedoch war sonderbar:
dass sie kaum zu hören war.

Lange hörte man für Wochen
kaum ihr kleines Herzchen pochen,
viel zu leise war der Klang,
der vom Kind nach außen drang.

Auch die Ärzteschaft vom Fach
fand die Töne viel zu schwach:
‹Nicht genügend Kinderkrach!
Sehn wir doch mal drinnen nach!›

Innen fand man höchst vergnüglich,
schon entwickelt ganz vorzüglich,
Amelie gesund und brav,
fröhlich nach dem Mittagsschlaf.

Munter und in bester Laune
und zu jedermanns Gestaune
spielte sie in einer Tour
mit der dicken Nabelschnur.

Endlich ist sie auf der Welt,
wo es ihr sehr gut gefällt,
wo sie strampelt, singt und lacht
und uns alle glücklich macht.

Geht nun auf die Lebensreise,
gut zu hörn, nur selten leise:
unsre kleine Amelie,
und wir alle lieben sie!

Lustiges Vogel-ABC

Prolog

Das, was ich euch erzählen will,
ist alles ungelogen.
Das meiste stimmt, der Rest jedoch,
der ist mir zugeflogen.

Ein kleines bisschen Fantasie
müsst ihr mir schon erlauben,
und wie im Leben überhaupt
dürft ihr nicht *alles* glauben!

1. Amsel

Am Abend sitzt auf unserm Dach
Herr Amsel aus dem Opernchor.
Er trägt von dort im schwarzen Frack
uns seine besten Stücke vor.

Laut tönen ihm aus stolzer Brust
die schönsten Liebeslieder.
Ihm dringt dabei die Leidenschaft
durchs bebende Gefieder.

Die Sängerlaufbahn glückte ihm
nur leider ungefähr,
weil insgeheim Herr Amsel gern
ein Star geworden wär.

Als Kammersänger sah er sich
im Rampenlicht, doch ach,
es reichte die Solistenkunst
nur bis zu unserm Dach.

Doch wenn er gut bei Stimme ist,
blüht neben ihm der Flieder,
und wenn er nicht gestorben ist,
dann singt er morgen wieder.

II. BUCHFINK

Der Buchfink ist ein schräger Typ,
und geht ihr in den Wald,
dann trefft ihr ihn und seine Frau
vermutlich ziemlich bald.

Er hat ein rotes Jäckchen an,
trägt einen blauen Hut,
auch wenn es nicht zusammenpasst,
dem Buchfink steht das gut.

Die Finkenfrau ist nicht so wild
auf so verrückte Kleidung,
doch lässt sie ihrem Mann den Tick
zur Ehekrachvermeidung.

Warum der Buchfink Buchfink heißt,
kann keiner ganz verstehn,
denn niemand hat den Buchfink je
mit einem Buch gesehn.

III. Cilpzalp

Der Zilpzalp ist ein kleiner Zwerg
und sein Gefieder grau.
Er fällt durch überhaupt nichts auf
und weiß das auch genau.

So kam an einem Regentag
dem Zilpzalp die Idee:
‹Ich schreibe meinen Namen nun
anstatt mit Z mit C!›

Der Pfarrer sprach: ‹Es nützt dir nichts,
das große C im Namen.
Um aufzufallen, musst du schon
das Maul aufmachen! Amen!›

Nun sitzt der Zwerg im Unterholz,
dort wo er nicht groß stört,
ruft ‹Zilpzalp, zilzalp!› unentwegt
und hofft, dass man ihn hört.

IV. Drossel

Wenn auf dem Dach Herr Amsel
die Opernarien stemmt,
dann lauscht von fern Frau Drossel,
ganz schüchtern und gehemmt.

Sie würd so gerne singen,
wie es Herr Amsel tut,
hat Gold in ihrer Kehle,
dazu Musik im Blut!

Doch will daraus nichts werden
trotz ihrer großen Lust.
Sie schämt sich, denn Frau Drossel
hat Flecken auf der Brust.

So schweigt sie, bis der Tag vergeht,
und wartet auf die Nacht.
Dann singt sie laut und ungeniert
bis morgens früh um acht.

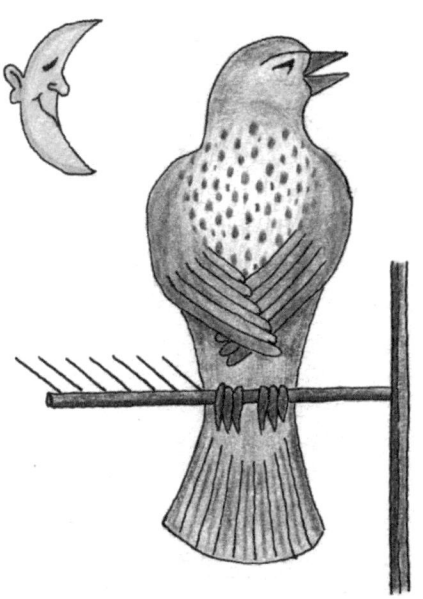

V. ELSTER

Es geht in unserm kleinen Dorf
seit Langem das Gerücht,
dass Elstern gerne Gabeln klaun.
Ich selber glaub es nicht.

Ich bin mit einer Elster schon
seit Jahren gut bekannt.
Sie trägt gewöhnlich einen Frack
und wirkt enorm galant.

Sehr gut befreundet ist sie auch
mit Hasko, unserm Wachtel,
und wenn sie flirten, raschelt sie
wie eine Streichholzschachtel.

Das Dorfgerücht, ich glaub es nicht
und hab den Grund vergessen,
warum die Menschen hier im Ort
mit bloßen Händen essen.

VI. Fasan

Wer sieht so bunt und albern aus,
als wär grad Karneval?
Wer schleicht umher im Unterholz
mit einem weißen Schal?

Wer imponiert den Frauen gern
mit seinem grünen Kopf?
Wer kleidet sich in Kupferrot
vom Brustkorb bis zum Kropf?

Wer läuft mit roter Brille rum
und einem langen Schwanz?
Wer ist wie aus dem Ei gepellt,
als ginge er zum Tanz?

Ihr wisst es nicht? Ich sag es euch:
Es ist der Herr Fasan.
Gebraten schmeckt er wunderbar
mit wildem Majoran!

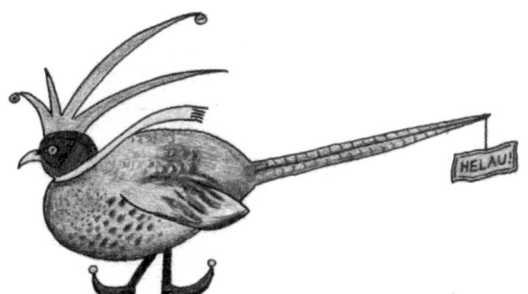

VII. GRÜNSPECHT

Zum Haarefärben nimmt er gern
Tomaten aus der Dose,
doch manchmal spritzt ihm ins Gesicht
die ganze rote Soße!

Tomatenspritzer überall,
sie sind der Grund, warum
der Grünspecht in der Sommerzeit
sich dämlich lacht und dumm.

Im letzten Jahr hat sich bei uns
ein Tier fast totgelacht,
und seither nimmt sich mancher Specht
beim Färben sehr in Acht.

VIII. Haubenmeise

Die Haubenmeise lebt nicht mehr!
Sie machte sich so gerne fein:
Es musste sonn- wie wochentags
auf ihrem Kopf ein Häubchen sein!

An einem schönen Sommertag,
als man die Meise sah zuletzt
und sie dem holden Haupte grad
das feine Häubchen aufgesetzt,

hat vor dem großen Spiegelschrank
ein Habicht unterdessen
die schöne Meis mit Haub und Haar
zum Frühstück aufgefressen!

IX. Igittigitt

Der Hässlichste ist zweifellos
im ganzen Vogelreich
der bucklige Igittigitt,
kein Vogel ist ihm gleich.

Sein Schnabel ist ganz abgewetzt
vom Picken und vom Hacken,
er glotzt durch wildes Strubbelhaar
und schielt bis in den Nacken.

Am liebsten isst er Zeckenmus
und dicke Mückengrütze,
er schlürft zum Nachtisch
   Schneckenschleim
und trinkt am liebsten Pfütze.

Man kann ihm durch sein fieses Kleid
bis auf die Knochen kucken,
auch hat er starken Mundgeruch
vom Würgen und vom Spucken.

Es hat schon mancher, der ihn sah,
den Magen sich verdorben,
doch ist zum Glück das Ekeltier
seit Langem ausgestorben.

X. JÄGERHUHN

Es lebte einst im Uferholz
an Tümpeln und an Weihern
das hirnverbrannte Jägerhuhn.
Es schoss mit rohen Eiern.

Das selten doofe Federviech
schoss wild auf alles, was es sah,
auf Wiesel, Wurm und Wiedehopf,
ganz gleich, ob ferne oder nah.

Doch haben schon vor langer Zeit
in einer hellen Vollmondnacht
die Jägerhühner rücksichtslos
sich gegenseitig umgebracht.

Recht geschieht es diesem Tier,
und so ist es nun vorbei
mit dem dummen Jägerhuhn
und der Eierschießerei.

XI. Kuckuck

Woher er seinen Namen hat,
das weiß ein jedes Kind,
doch was nicht jedes Kindlein weiß,
erzählte mir der Wind.

Er pfiff soeben durch die Tür
und sagte ungeniert:
‹Die Kuckuckskinder, ohne Witz,
sind alle adoptiert!›

Die Eltern sitzen nicht so gern
auf ihren Kuckuckseiern,
sie geben sie beim Nachbarn ab
und fliegen aus zum Feiern.

Drum werden ihre Küken groß
zum Beispiel bei den Finken.
Sie ziehn die Kuckuckskinder auf,
obwohl sie anders stinken.

So bleibt ein Kuckuckspflegekind
bei seinen neuen Alten,
bis alle fast das Kuckuckskind
für einen Finken halten.

Dem Kuckuck wird das bald zu bunt,
und das ist schließlich auch der Grund,
warum er später ungefragt
so häufig seinen Namen sagt.

XII. Lerche

Am Himmel fliegt ein kleiner Punkt
und singt von schönen Tagen.
Warum er nicht im Sitzen singt,
müsst ihr ihn selber fragen!

Herr Amsel meint, es liege wohl
am starken Lampenfieber.
Es sei die Lerche menschenscheu
und säng von ferne lieber.

Ich weiß nicht recht, doch denke ich stets,
wenn ich sie am Himmel erspähe:
‹Wir alle lieben deinen Gesang
und sähen dich gern aus der Nähe!›

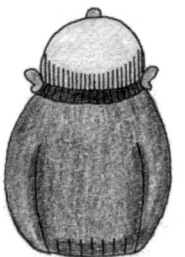

XIII. Mauersegler

Der Mauersegler kann sich freun:
Er hat ein langes Flügelpaar
und steht im Tierreich, könnt er stehn,
schon damit einzigartig da.

Das Flügelpaar ist zweifellos
beim Fliegen sehr bequem,
doch manchmal wird dem Segler auch
sein Vorteil zum Problem:

Ein Segler, einmal abgestürzt,
kommt nie mehr hoch alleine,
denn leider hat der Segler nur
zwei stummelkurze Beine.

Damit die Segler in der Luft
nicht die Balance verlieren,
sieht man sie schon als Kinder hart
den Segelflug trainieren.

Die einen gehen ins Café,
die andern gehn zum Kegeln,
die Mauersegler juckt das nicht,
sie wollen nichts als segeln.

Sie lieben Wind und frische Luft,
dazu Geselligkeit,
und ziehn herum im Gruppenflug
mit großer Schnelligkeit.

Das Fliegen in der Formation
ist ziemlich gut geregelt,
weshalb auch selten so ein Tier
vor eine Mauer segelt.

XIV. Nachtigall

Nachtigall singt so schön!
Hört ihr sie schlagen?
Wäre gern fröhlich
und kann doch nur klagen!

Hat großen Kummer,
fühlt tiefen Schmerz,
ihr treuer Gatte
brach ihr das Herz!

Gleich nach dem Vogelzug
fing alles an:
Wortkarg und abweisend
wurde ihr Mann.

Hatte den Schnabel voll,
wollt nicht mehr wandern
und blieb in Afrika
mit einer andern.

Traurige Nachtigall,
hör auf zu weinen,
es gibt im Vogelreich
nicht nur den einen!

Im grünen Gartenlaub
hinter den Linden
wird sich im Frühling
was Besseres finden!

XV. Ompfaff

Traurig tönt es aus dem Busch:
Der Dompfaff ist frustriert!
Ihm ist bei seiner Mauser just
ein Missgeschick passiert:

Ihm fielen alle Federn aus
von seinem roten Bauch.
Er fror auf seiner kahlen Brust
und auf dem Rücken auch.

Doch als er völlig nackig war
vom Kopf bis zu den Krallen,
ist ihm auch noch das große D
im Namen ausgefallen.

Nun hat der Pfaff zurück zum Glück
sein üppiges Gefieder.
Es wuchs bald nach, das D jedoch,
das D kam nicht mehr wieder.

XVI. PIROL

In jedem Frühjahr kommt von fern
der tropische Pirol.
Als Fremder fühlt er sich sogar
bei uns in Deutschland wohl.

Ganz oben, hoch im Buchenlaub,
da sucht er nach dem schönsten Platz.
Er baut im Wipfel sich ein Nest
und zieht dort ein mit seinem Schatz.

Doch ist es hierzulande schwer,
mit seinen Nachbarn auszukommen.
Deutsche Vögel sind sehr eigen,
Türkentauben ausgenommen.

Wer allzu lang in Deutschland lebt,
braucht öfters eine Pause.
Im Sommer packt auch der Pirol
und fliegt zurück nach Hause.

XVII. Q̇UIETSCHKEHLCHEN

Dass das Qietschkehlchen quietscht,
liegt am Quietschkehlorgan,
denn die Quietschkehle quietscht
wie beim Bremsen die Bahn.

Das Quietschkehlchenquietschen,
es ist eine Qual,
doch dem Quietschkehlchen selbst
ist das Quietschen egal.

Das Gurgeln mit Nussöl
hat ihm gar nichts gebracht.
Es hat sich beim Gurgeln
nur ganz ölig gemacht.

Das Quietschkehlchen quietscht,
und es denkt quietschvergnügt:
‹Warum soll ich singen?
Das Quietschen genügt!›

XVIII. Rabe

Der Rabe ist seit langer Zeit
als Unglücksvogel sehr bekannt,
doch ist das Tier in Wirklichkeit
der größte Glückspilz hier im Land.

Bescheidenheit, die fiel ihm schwer,
sich durchzusetzen, fiel ihm leicht,
und deshalb hat der Rabe auch
das, was er wollte, meist erreicht:

Obwohl er gar nicht singen kann,
bekam er ein Stipendium
vom städtischen Musikverein,
doch fragt mich bitte nicht, warum!

Nun sitzt er krächzend auf dem Zaun,
singt Rabenlieder haufenweis,
er wartet auf sein Publikum
und träumt vom nächsten Förderpreis.

Und die Moral von der Geschicht:
Traut keinem Förderpreise nicht!
Wollt ihr erfahrn, wer singen kann,
hört euch die Sänger selber an!

XIX. Storch

Weißer Riese
geht durch die Wiese.
Durch grüne Weiten
siehst du ihn schreiten.

Wohnt auf dem Turm,
frisst Kröte und Wurm.
Weiß ist sein Hals,
meist jedenfalls.

Watet durch Sümpfe,
trägt rote Strümpfe.
Hat langen Schnabel
statt Messer und Gabel.

Kann damit klappern,
wenn andere plappern.
Sei still und horch:
Es ist der Storch!

XX. Turteltaube

Oft sitzt auf unsrer Fensterbank
ein altes Turteltaubenpaar.
Es ist noch immer ganz verliebt,
grad wie im ersten Ehejahr.

Die beiden waren bei der Post
zum Telegrammverteilen.
Sie mussten immer *früh* aufstehn
und ständig sich beeilen.

Vor Kurzem sind sie als Kurier
dort endlich ausgeschieden,
sind Mitglied jetzt im Tierschutzbund
und flattern für den Frieden.

Doch immer, wenn es Abend wird,
dann sitzt das Turteltaubenpaar
verliebt auf unsrer Fensterbank
und streichelt sich durchs graue Haar.

XXI. UHU

Pünktlich um die Geisterstunde
macht der Uhu seine Runde,
flattert lautlos durch den Wald,
stürzt sich auf ein Eichhorn bald,

fängt zum Nachtisch eine Maus,
fliegt mit ihr zum Wald hinaus
und verspeist sie dann zu Haus.
Was er nicht mag, spuckt er aus.

XXII. Vanellus

Wollt ihr einmal in Ostfriesland
Urlaub bei den Möwen buchen,
solltet ihr auf eurer Reise
auch den Kiebitz mal besuchen!

Schlichten Vogelfreunden reicht es,
auf dem Feld ihn zu erkennen,
will man als Experte gelten,
muss man ihn Vanellus nennen!

Habt ihr ihn im Feld gefunden,
wagt euch nicht zu nah heran,
weil Vanellus nämlich Gäste
eigentlich nicht leiden kann!

Ganz besonders sehenswürdig
ist sein hochgeföntes Zopf!
Selbst Japaner machen Fotos
vom Vanellusnackenschopf!

XXIII. Wendehals

Es geht der Vogel Wendehals
mit grauem Mantel auf die Balz.
Er wackelt mit dem Kopf dabei.
Auwei-auwei!

Doch ist der Vogel ziemlich schlau
und traf sehr bald schon eine Frau.
Und diese wackelt mit dem Hals
ebenfalls!

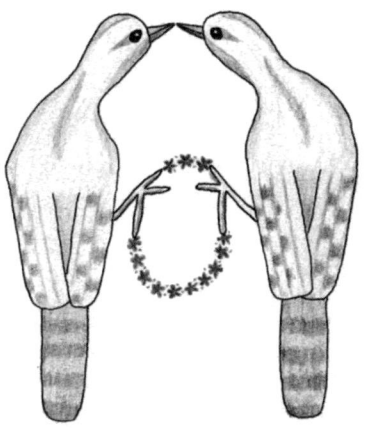

XXIV. **X**YKLOPENFALK

Es lebte in Ägypten einst
in einem Nest aus Schutt und Kalk
auf einem Pyramidenstein
der schreckliche Xyklopenfalk.

Er hatte Krallen wie aus Stahl
und Flügel wie aus Eisen,
doch dafür dummerweise nur
ein Auge aufzuweisen.

Genaues Fliegen fiel dem Falk
mit seinem einen Auge schwer,
und weil er schlecht flog, hat die Sphinx
schon länger keine Nase mehr.

XXV. Zaunkönig

Gernegroß kommt um die Ecke gebogen,
spielt sich als Riese auf und nimmt sich wichtig.
Selbstbewusst hat er den Schwanz angezogen.
Zaunkönig nennt er sich. Tickt der nicht richtig?

Hört, wie er auftrumpft! Ich platze vor Lachen
und finde bei allem doch *eins* sonderbar:
Wo man auch hinschaut, überall machen
die winzigsten Zwerge am meisten Trara!

GEDICHTEVERZEICHNIS

Abendgebet	20	Herbstwanderung	33
Abschied	63	Hochzeitsgedicht	18
All you can eat	53	Hohe Kunst	46
Am Meer	28		
Amsel	76	Igittigitt	92
Beziehungsnetz	14	Jägerhuhn	94
Bittgebet	23		
Buchfink	78	Kleinschwatz-Appell	56
		Kommt!	30
Cilpzalp	80	Konsequent	39
		Kranichzug	34
Dein!	45	Kuckuck	96
Die See	26		
Dreierlei	42	Lebenskunst	47
Drossel	82	Lebensregeln f. Verlierer	48
		Lerche	98
Elster	84	Letzter Wille	17
		Lied für Amelie	72
Facebook	15	Lustiges Vogel-ABC	75
Fasan	86		
Fritz das Pferd	71	Mauersegler	100
Frühherbst	32	Metamorphose	62
Funkenflugbitte	24	Möwesein	29
		Mohnklatsch	35
Gebet des Müden	21	Muckdäuser	54
Gesichtgedicht	11		
Glück	44	Nachtigall	102
Gottessuche	19	Neujahrsgebet	68
Grünspecht	88	Noch immer	61
		Nun ja	12
Halbschattengewächse	59		
Haubenmeise	90	Ompfaff	104
Helmschutz	50		

Parfum-Werbung	51	Xyklopenfalk	122
Perspektivenwechsel	67		
Pilgerwanderung	31	Zauberrest	13
Pirol	106	Zaunkönig	124
Pixeltherapie	52	Zweierlei	43

Quietschkehlchen 108

Rabe 110

Schwierige Menschen 55
Seeluft 25
Seht, wie die See 27
Seifenfräulein 60
Sternsonett 37
Storch 112
Suchsonett 36

Tod im Internet 16
Träume sind doof 38
Tu-*du*-Liste 40
Turteltaube 114

Uhu 116
Unerhörte Wünsche 58
Unterscheidungsgebet 22

Vanellus 118
Venusfliegenfalle 70

Weihnachten! 65
Weihnachts-Ach 64
Wendehals 120
Winterweiß 66

Weitere Bücher vom Autor:

Liebes- & Hiebesgedichte
Frankfurt a. M.: Fouqué Verlag, 1998
107 Seiten. kartoniert
ISBN 3-8267-4151-X

Na also, sprach Zarathustra. Gedichte
Ulm: Jörn Heller Verlag, 1999
127 Seiten. kartoniert
ISBN 3-00-004443-4

Feierabendgedichte
Ulm: Jörn Heller Verlag, 2000
125 Seiten. kartoniert
ISBN 3-935555-00-8

Frische Verse
Ulm: Jörn Heller Verlag, 2003
124 Seiten. kartoniert
ISBN 3-935555-02-4

Singelingeling. Junggesellenlyrik
Siegen: Jörn Heller Verlag, 2009
128 Seiten. gebunden
ISBN 978-3-935555-03-6

Nur mal so. Gedichte für zwischendurch
Siegen: Jörn Heller Verlag, 2015
128 Seiten. kartoniert
ISBN 978-3-935555-06-7